El Galeón de Manila
Los objetos que llegaron de Oriente

Rosa Dopazo Durán
Ilustraciones de Diego Álvarez

LA OTRA ESCALERA

CASTILLO

Retrato de Doña María Josefa Tobio y Estrada
Óleo sobre tela, México, siglo XVIII. Colección Museo Franz Mayer.

Seguramente has probado la sopa de fideos y disfrutas del sabor agridulce y picante del chamoy; también habrás visto los colores azul y blanco que decoran la cerámica de Talavera, moldeada en Puebla, y habrás observado —en alguna película o en las ferias— una pelea de gallos; quizá también has visto o usado un paliacate, una prenda de seda o unos aretes de perlas.

Jarrón
Cerámica vidriada con estaño y plomo
y decoración con óxido de cobalto.
Puebla, siglo XVIII.
Colección Museo Franz Mayer.
A este tipo de cerámica vidriada también
se le conoce como talavera poblana.

Todas estas cosas —entre las que no podemos olvidar el mango de Manila— son alimentos, golosinas y objetos que en mayor o menor medida forman parte de la vida cotidiana o están asociadas a costumbres y actividades propias de nuestro país. Sin embargo, todas llegaron hace cientos de años, procedentes de países y reinos muy lejanos, particularmente de China, Japón, India y otras naciones que se encuentran en el sureste del continente asiático o, como también se dice, del lejano Oriente.

La manera en que estos objetos llegaron a México se remonta a la época virreinal, tiempo en que nuestro país era conocido con el nombre de Nueva España y formaba parte del enorme imperio español, y de esa parte del mundo a la cual se le llama Occidente.

El lejano Oriente está mucho más cerca de nosotros de lo que pensamos.

La Ruta de la Seda fue un camino comercial recorrido por centurias.

Los primeros contactos entre Oriente y Europa

Sin embargo, los contactos —de gente, objetos y culturas— entre Oriente y Occidente nacieron mucho más atrás en el tiempo, incluso antes de que ocurriera el encuentro entre Europa y América.

En la época romana y principalmente en la Edad Media, la única vía de comunicación entre Oriente y Europa, era un largo camino conocido como Ruta de la Seda, mismo que recorrían comerciantes orientales para llegar a las cercanías del territorio europeo y cuyo artículo más apreciado era, precisamente, la seda.

Por su parte, los europeos habían intentado varias veces entrar en contacto con el continente asiático, considerado un mundo cerrado y misterioso. Algunos reyes y papas mandaron varias expediciones con fines políticos y evangelizadores, pero ninguna tuvo éxit O.

El viaje de Marco Polo

Fue Marco Polo, un mercader veneciano, quien emprendió un viaje sin intenciones políticas ni religiosas; a él sólo le interesaba comerciar con los chinos. Así, en el año 1271, se embarcó en Venecia con su padre y su tío, y no volvió sino hasta 1295. Tres años después de su regreso, escribió un libro en donde relató su viaje. Este libro tuvo mucho éxito pues permitía a los europeos conocer un mundo totalmente nuevo, que hasta entonces apenas se habían podido imaginar a través de algunas leyendas o relatos llenos de fantasía.

La falta de medios de transporte limitó el comercio con el Lejano Oriente en aquella época y, con el correr de los años, la Ruta de la Seda resultó un camino lento y peligroso, debido a los asaltantes. Los europeos buscaron entonces nuevas rutas y lógicamente se pensó en llegar al Oriente por mar.

Gracias a Marco Polo
los europeos conocieron
un mundo totalmente nuevo.

A los europeos no los movía sólo el interés comercial, también sentían un gran deseo de conocer esos lugares raros de los que hablaban las leyendas; según las descripciones, en Oriente se alzaban ciudades hechas de oro, cuyos habitantes vestían con telas preciosísimas y donde se encontraba la fuente de la eterna juventu

d.

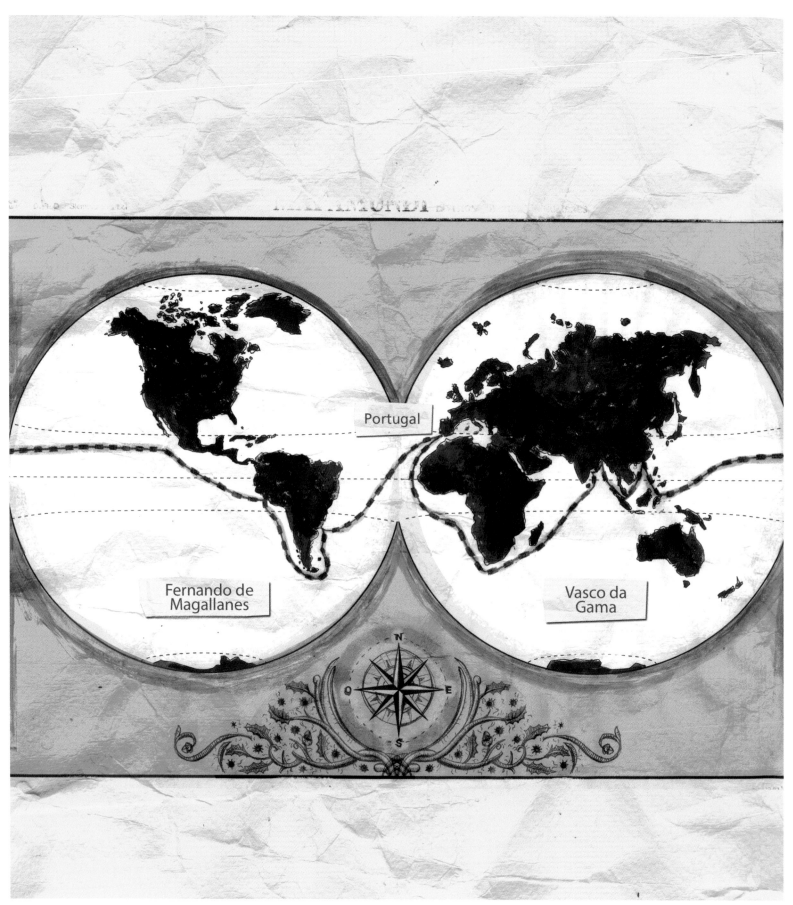

Los navegantes portugueses abrieron las puertas de Asia por mar.

La ruta descubierta por los navegantes portugueses

Debieron transcurrir doscientos años, para que Vasco da Gama descubriera una ruta marítima a la India. Fue entonces cuando efectivamente se abrió para Europa la vía hacia los territorios de Asia.

Esta nueva ruta hacia Oriente, descubierta por el navegante portugués, creó fuertes rivalidades entre las naciones europeas que tenían salida al Atlántico, como España, Portugal, Francia, Inglaterra, Holanda y Suecia; la razón era que todos buscaban las fabulosas riquezas de Catay y Cipango, nombres con que los europeos conocían a China y Japón, respectivamente.

Los portugueses, quienes eran grandes navegantes y ya conocían la ruta a la India, fueron los primeros en adentrarse por mar hasta las costas de la gran China. Durante varias décadas mantuvieron un comercio esporádico con este pueblo de Oriente y luego se establecieron en un lugar de la costa china, al que llamaron Macao, y otro en la India, llamado Goa.

Fue así como el comercio entre Oriente y Europa inició de manera formal, con Portugal a la cabeza, y a través de la ruta marítima que rodeaba el Cabo de Buena Esperanza —al sur de África—. Desde entonces los productos chinos, japoneses e indios llegaron a Europa en grandes cantidades.

Magallanes rodeó el sur de América para llegar a Oriente.

Los holandeses, ingleses y franceses vieron que el comercio con Oriente prometía grandes ganancias y por ello navegaron hacia las costas orientales para competir con Portugal. Establecieron compañías comerciales en el puerto de Cantón, en China, para comprar especias, perfumes, seda, porcelana, perlas y muebles y enviarlas a sus respectivas naciones.

A la ruta tradicional de los portugueses, la del Cabo de Buena Esperanza, se sumó en 1522 —un año después de la conquista de México Tenochtitlan— la ruta de Magallanes, otro famoso navegante portugués que encontró un paso al Lejano Oriente navegando lo más al sur posible del continente americano.

España, por su parte, no deseaba quedarse atrás en este buen negocio, por ello el rey, Carlos V, dio instrucciones a Hernán Cortés para que enviara una expedición desde la Nueva España, la cual se encontraba más cerca de Oriente que la propia España.

Los barcos llegaban a Cantón desde Europa.

Un camino sin retorno

Fue así que partió de Zihuatanejo el primer grupo de barcos construidos en las costas mexicanas, con la misión de encontrar la ruta de ida hacia Oriente y, por supuesto, la ruta de regreso, pues en eso de navegar por los mares no siempre se puede volver por la misma vía. Esta expedición llegó con relativa facilidad, en 1528, a las Indias Orientales —nombre con el que los europeos conocían al Lejano Oriente—, sin embargo falló en el intento de volver a las costas de Nueva España.

A pesar de este fracaso inicial, quedó demostrada la posibilidad de una ruta directa desde Nueva España hasta Oriente cruzando el océano Pacífico.

En años posteriores se intentaron nuevas expediciones, pero todas fracasaron.

Por fin, en 1564, partió un nuevo convoy hacia las costas orientales bajo el mando de Miguel López de Legazpi, acompañado del gran cosmógrafo[1] y experimentado marinero fray Andrés de Urdaneta.

1. Los cosmógrafos estudiaban la posición de las estrellas para determinar la ubicación del barco en altamar.

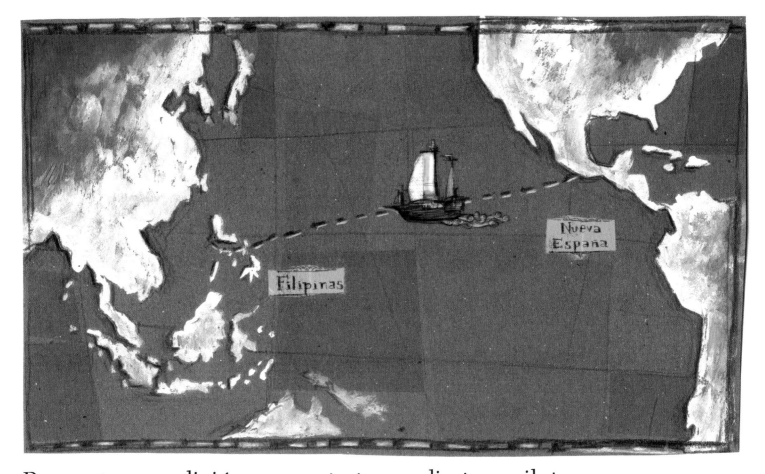

Ruta de Nueva España a Filipinas por el océano Pacífico.

Para esta expedición se contrataron diestros pilotos además de 150 marineros, que fueron acompañados por 200 soldados. También se compraron buenos instrumentos de navegación, armas y municiones, pues se trataba de un viaje realmente peligroso: era muy probable que en el camino se enfrentaran a enemigos europeos y que, al desembarcar, fueran atacados por los habitantes de aquellas tierras desconocidas. Este proyecto, igual que lo anteriores, llevaba el mandato del rey de España, de encontrar la ruta de regreso o tornaviaje de Oriente a Nueva Españ

a.

La habilidad del cosmógrafo

A mediados de febrero de 1565, los expedicionarios al mando de Miguel López de Legazpi llegaron a una de las islas del archipiélago filipino, venciendo tifones, enfermedades y escasez de comida. Una vez ahí, fueron conquistando poco a poco las islas con la intención de anexarlas al imperio español.[2]

Mientras casi todos estaban ocupados en las acciones de conquista, fray Andrés de Urdaneta preparaba el viaje de regreso. El viernes 1º de junio de 1565, puso en práctica sus deducciones y los conocimientos que había adquirido en experiencias anteriores. Navegó desde el puerto de Manila hacia el norte, donde finalmente encontró la corriente del Japón y los vientos que empujaron el barco hacia tierras americanas.

El 26 de septiembre, después de 120 días de navegación, fray Andrés y la tripulación avistaron California;

2. Por ello se decía que en el imperio del rey español Felipe II "no se ponía el sol", pues era tan grande y abarcaba tantos países, que cuando en España amanecía, en Filipinas todavía había luz solar, y viceversa.

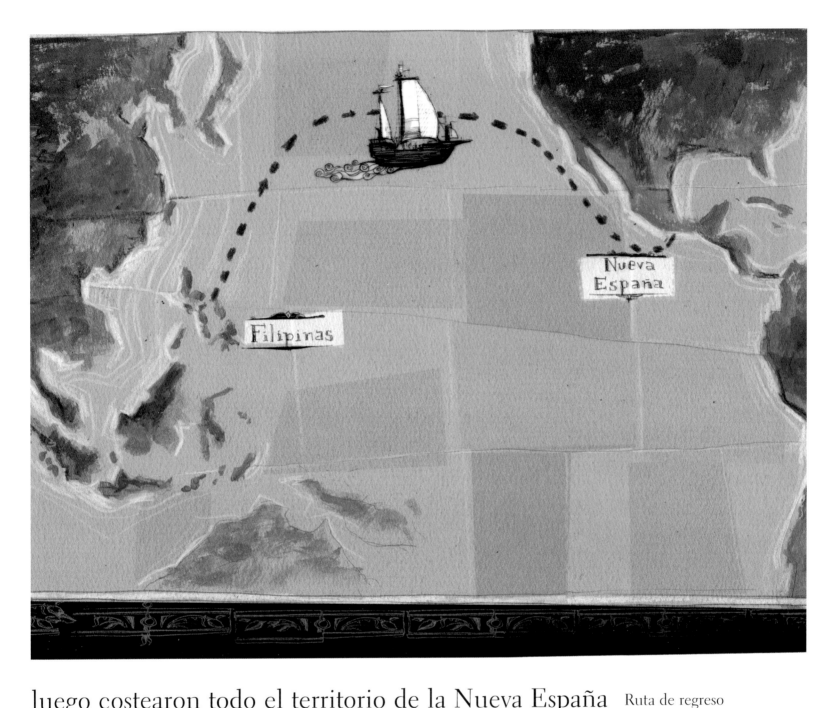

Ruta de regreso
a Nueva España.

luego costearon todo el territorio de la Nueva España hasta llegar a Acapulco, que con su gran bahía resultaba un puerto natural bastante seguro para las embarcaciones. En 1573 Acapulco se convirtió en el único sitio autorizado en el virreinato de Nueva España para comerciar con Asi

a.

Los galeones eran las embarcaciones más grandes de la época.

El Galeón de Manila

El retorno de los expedicionarios significó un gran éxito para el imperio español, pero también el principio de los intercambios entre la Nueva España —podríamos decir México— y Filipinas, relación que duró 250 años gracias al famoso *Galeón de Manila*[3] que cubrió durante todo ese tiempo el circuito Acapulco-Manila-Acapulco.

En realidad se le llamaba Galeón de Manila a cualquier embarcación que cubriera esta ruta, independientemente del nombre propio de cada navío, por lo que, en los hechos, existieron varios galeones de Manila. También se empleaba este nombre para designar la ruta que recorrieron dichas embarcaciones desde 1565 hasta 181

3. Al Galeón de Manila también se le conocía en la época como la Nao de China.

Manila fue un punto estratégico y comercial para España.

Manila: lugar de reunión de productos orientales

Después de ser conquistada por soldados españoles, Manila se convirtió en la tan deseada puerta de acceso al continente asiático desde América. Para España lo realmente importante de este sitio no eran las riquezas geográficas, materiales o artísticas locales, sino el punto estratégico que Manila representaba en la región. Es decir, se trataba de un lugar de enlace con otras poblaciones importantes de Asia al que llegaban pequeñas embarcaciones procedentes de Siam, China, Corea, Camboya, la Conchinchina —que hoy conocemos como Vietnam— y Japón; en Manila los comerciantes vendían mercancías muy valiosas o bien alimentos y plantas originarias de lugares aún inaccesibles.

Estas mercancías eran vendidas en el Parián de los Sangleyes, que era una especie de mercado o plaza manileña en donde se intercambiaban o compraban objetos considerados lujosos y exóticos, como jarrones, tazones y platos de porcelana decorada con aves y flores en azul y blanco, también faldas, vestidos y camisas multicolores en seda y algodón, biombos pintados con escenas de niños jugando, sillas, bancas o mesas en laca de color rojo, paraguas, papel tapiz pintado a mano, esculturas en marfil, cajitas de carey, collares y pulseras de perlas, perfumes, plantas medicinales, ramas de canela, granos de pimienta y variedad de frutas como mangos, piña, plátanos y cocos (¿Qué tan exóticas te parecen estas cosas hoy en día?).[4]

Los comerciantes españoles y novohispanos que habitaban en Manila o que habían viajado hasta allí desde Acapulco, compraban todas estas valiosas mercancías con la finalidad de transportarlas en los galeones

4. *Exótico significa externo; se usa para expresar que algo viene de un país lejano o que alguien es poco común.*

españoles dentro de cajas, baúles, sacos o grandes depósitos de cerámica, para que finalmente fueran vendidos en Nueva España.

Los comerciantes pagaban con monedas mexicanas de plata, que llegaron a ser tan valoradas y aceptadas por los orientales, que incluso las adoptaron como moneda de uso en China.

25

El trayecto desde Manila

El viaje de regreso o tornaviaje era uno de los recorridos marítimos más largos y penosos que por entonces se efectuaban en el mundo. La salida de Manila se hacía de preferencia entre julio y agosto, cuando los vientos del sur empujaban las naves hacia Japón —aunque siempre se corría el peligro de encontrarse con algún tifón—. Después, de las costas japonesas se tomaba la corriente que conducía las naves a las costas de California. Ésta era la parte más pesada del viaje, pues se pasaban muchos meses en altamar.

En ocasiones los barcos se detenían totalmente, debido a la ausencia de vientos que los empujaran, pues se trataba de embarcaciones de vela que no contaban con máquinas que los hicieran desplazarse, ni con la fuerza de remeros.

5. Nombre que se le daba en la época a los momentos en los que el barco no avanzaba y que hacía más lenta y angustiosa la travesía.

En esos momentos de quietud o calmas,[5] tanto viajeros como marineros y soldados dedicaban gran parte

26

del tiempo a los juegos de cartas. Muchas veces los marineros pescaban para aumentar la ración diaria de comida, y otras veces saltaban del barco para nadar y divertirse, aunque no faltaron los incidentes desagradables con los tiburone**S.**

Las *calmas* podían verse alteradas por los tiburones.

27

Ante todo debían cuidar el agua para beber; la conservaban a bordo en barriles o en grandes tinajas de barro y debía durarles de cuatro a seis meses, tiempo que se alargaba el viaje. También llevaban consigo vino, aceite, harina, gallinas, pescado y carnes saladas o deshidratadas —como la cecina—, frutas y verduras en conserva y un alimento que denominaban galleta blanca, una especie de pan que tenía la facultad de aguantar más tiempo sin echarse a perder, pero de sabor no muy agradable. Desde luego, la preocupación principal de los pilotos de los galeones era que la travesía no se alargara más de lo debido, pues podían acabarse los víveres y el agua.

En los barcos siempre viajaban gatos, pues se creía que eran de buena suerte. La verdad es que servían para ahuyentar a las ratas, las cuales podían morder a los pasajeros o bien comerse las provisiones. Seguramente los gatos también sirvieron de compañía a los marineros en más de una ocasión.

Los navegantes llegaban a sentirse completamente solos durante las travesías.

Las prolongadas travesías y las enfermedades alguna vez cobraron la vida de todos los tripulantes.

La llegada a costas americanas

Los galeones se acercaban a las costas americanas a la altura de la Alta California, y de ahí se enfilaban hacia el sureste para tomar tierra en la Isla de Guadalupe y continuar después rumbo a la península de Baja California, donde los frailes tenían misiones en las que cultivaban cítricos para ofrecerlos como remedio a los navegantes atacados por el escorbuto, enfermedad ocasionada por la falta de vitamina C. El remedio no siempre llegaba a tiempo y fueron muchos los pasajeros y marineros que murieron en el largo y difícil trayecto por mar. Incluso, en una ocasión, fue encontrado un galeón que navegaba a la deriva y en el que sólo se encontraron los esqueletos de sus ocupante s.

Después de hacerse de provisiones en las costas de Baja California, los galeones seguían su camino al sur, hacia las actuales costas de Jalisco; ahí, en el Puerto de Navidad, hacían nuevamente una parada. Desde este mismo puerto, salía un correo a caballo rumbo a la ciudad de México para anunciar a las autoridades y comerciantes la llegada de los galeones. Las embarcaciones recorrían después las costas de Colima y Guerrero para llegar finalmente a Acapulco. Esta enorme travesía no siempre duraba —como se ha dicho— de cuatro a seis meses; algunos tardaron hasta nueve y diez meses.

El número y la capacidad de las naves también varió. Al principio, no fueron pocas la veces en que dos o tres galeones partían al año… pero en 1593, el rey de España, Felipe II, que sucedió a Carlos V, decretó que el tráfico quedaba limitado a dos barcos por viaje una vez al año, y que no debían exceder un cierto peso en mercancías. Sin embargo, las grandes ganancias que

este negocio dejaba, propició que los ambiciosos comerciantes embarcaran cada vez un mayor número de objetos, situación que provocó el hundimiento de algunas naves debido al exceso de peso.

La ambición de algunos comerciantes también produjo tragedias, como el hundimiento de los galeones.

Acapulco era el principio de otro largo camino por tierra hasta el centro de Nueva España.

La feria de Acapulco

Después de recibida la noticia sobre la llegada del galeón, numerosos comerciantes acudían a Acapulco, procedentes de todos los rincones de la Nueva España, aunque principalmente de la capital.

Para vender y entregar la carga del Galeón de Manila, se celebraba una feria en el puerto, cuya fecha de inicio, duración y término era establecida por el representante del monarca español en la Nueva España, es decir, el virrey.

La feria podía durar entre veinte días y dos meses, y en ella se adquirían lotes completos de mercancías, se recogían cargamentos pedidos un año antes o bien se buscaban posibles socios comerciales.

Las mercancías orientales llegaban hasta el Parián, en el centro de la Nueva España.

El gusto por los artículos de Oriente

Una vez adquiridas las mercancías, eran transportadas a las diferentes ciudades de la Nueva España sobre el lomo de cientos de mulas. Después se vendían en las tiendas de artículos de importación o en tiendas especializadas que comerciaban solamente un tipo de mercancía, como vidrio, porcelana o seda. Desde luego, había tiendas no especializadas que también vendían estos productos, como las que se encontraban en el Portal de Mercaderes, ubicado en el lado poniente del Zócalo de la ciudad de México, o también en el Parián, mercado que se encontraba en el centro mismo del Zócal

O.

Caja Carey con aplicaciones de plata. Guadalajara o Campeche, siglo XVIII. Colección Museo Franz Mayer. Este tipo de cajas o cofres eran utilizados para guardar joyas. La costumbre de utilizar el carey en objetos suntuosos proviene directamente del Sureste Asiático, muy probablemente de la India.

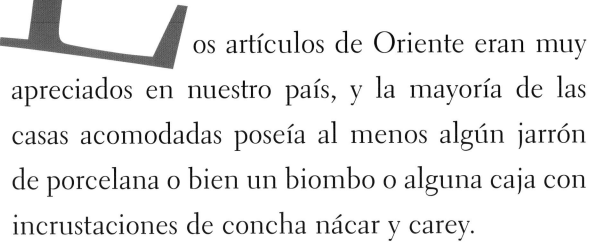

Los artículos de Oriente eran muy apreciados en nuestro país, y la mayoría de las casas acomodadas poseía al menos algún jarrón de porcelana o bien un biombo o alguna caja con incrustaciones de concha nácar y carey.

Los viajeros que conocieron la capital en la época del virreinato nos hablan del lujo con que se vestían las mujeres —lo mismo las que contaban con mayores recursos económicos que las esclavas negras—; a todas les gustaba usar ropajes confeccionados en sedas chinas y adornarse con gran cantidad de perlas.

Biombo de las artes liberales
Juan Correa, óleo sobre tela, 1670. Colección Museo Franz Mayer.
Este tipo de objetos se utilizaba para dividir y decorar los espacios interiores de las casas.
Los personajes aquí representados son las personificaciones de la Gramática,
la Astronomía, la Retórica, la Geometría, la Aritmética y la Música.

El viaje hacia Manila y los piratas

Los galeones que tomaban la ruta a Manila, llevaban como principal cargamento barras y monedas de plata, procedentes de las minas mexicanas y, en menor medida, un producto conocido como *grana cochinilla*, además de cacao, vino y aceite de oliva, sombreros y jabón. El viaje de ida duraba menos: unos tres meses y solía hacerse en marzo o abril para llegar a las Filipinas antes de que iniciara la temporada de tormentas.

Al poco tiempo de que los galeones comenzaron sus viajes, aparecieron toda clase de ladrones de mar: piratas, corsarios, bucaneros y filibusteros, procedentes de las naciones enemigas del imperio español, aunque la mayoría eran ingleses.

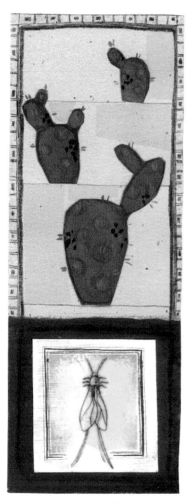

La grana cochinilla es un insecto que se exprimía para obtener una sustancia de color rojo que se utilizaba como tinte de telas.

Todos ellos fueron atraídos por la riqueza de las cargas que transportaban los pesados galeones españoles, para los que no siempre fueron suficientes los cañones de protección que llevaban a bordo. Estos piratas solían esconderse en pequeñas islas o bahías, a la espera de las naves. Alguna vez llegaron a capturar una embarcación con todo y pasajeros y la remolcaron hasta el puerto de Plymouth, en Inglaterra. Por acciones como ésta, más de uno fue premiado por la corona inglesa como el famoso Francis Drake o Tomas Cavendis

Francis Drake era un delincuente para los españoles. Entre los ingleses era un héroe.

h.

El año de 1815 marcó el final de una época.

El último viaje

Al iniciar el movimiento insurgente por la independencia de México, los viajes del galeón se hicieron cada vez más difíciles. Los insurgentes tomaron el puerto de Acapulco y en 1813 se expidió un decreto por el que se suprimía el comercio del Galeón de Manila y se autorizaba a los filipinos ejercer el comercio libre en buques particulares con el resto del mundo. Sin embargo este decreto no se hizo efectivo sino hasta dos años más tarde. Así, en 1815, el Galeón de Manila dejó de navegar por aguas del Pacífico en la honrosa labor de unir dos continentes, para dar paso a nuevas formas de comerci

Rebozo. Seda tejida. México, siglo XIX. Colección Museo Franz Mayer.

La influencia y aportaciones del Oriente

Como testimonios de ese intenso intercambio hoy contamos con una gran cantidad de objetos artísticos, que sirvieron de modelo o fuente de inspiración para los artesanos locales, quienes imitaron o interpretaron las decoraciones florales y de aves en azul y blanco, típicas de la porcelana china, las técnicas como la laca y las labores de incrustación de hueso, carey y concha nácar sobre objetos de madera. Materiales como la seda también permanecieron a pesar del tiempo e incluso hoy en día se tejen lindos rebozos con ese preciado hil

Abanico
Marfil tallado y papel pintado con aplicaciones de marfil. China, siglo XVIII o XIX. Colección Museo Franz Mayer.

45

Oriente llegó para quedarse en México.

Además de objetos, de Oriente llegaron en el galeón ejemplares del mundo natural, como palmeras y árboles frutales, que encontraron en México suelo propicio para vivir y permanecer.

Y más allá de intercambios comerciales y artísticos, esa línea que se tendió de Acapulco a Manila, influyó de manera determinante en nuestra cultura, pues además de objetos, llegaron también chinos y filipinos que trajeron consigo tradiciones y costumbres, formas de vestir, de hablar y de comer, y que formaron familias que probablemente todavía encuentren en sus recuerdos el eco del mar que atravesó el Galeón de Manila.